LA REVOLUCIÓN DE TEXAS

La lucha por la independencia

Kelly Rodgers

Consultora

Julie Hyman, MS.Ed.
Coordinadora de Estudios Sociales
Birdville ISD

Créditos de publicación

Dona Herweck Rice, *Jefa de redacción*
Conni Medina, *Directora editorial*
Lee Aucoin, *Directora creativa*
Marcus McArthur, Ph.D,, *Editor educativo asociado*
Neri García, *Diseñador principal*
Stephanie Reid, *Editora de fotografía*
Rachelle Cracchiolo, M.S.Ed., *Editora comercial*

Créditos de imágenes

Tapa, pág. 1 LOC [LC–USZ62–21489]; pág. 2–3 LOC [LC-USZC4–2133]; pág. 4 (arriba) North Wind Picture Archives; pág. 5 DeGolyer Library; pág. 6 State Preservation Board, Austin, Texas; pág. 7 (arriba) Carolina Digital Library & Archives; pág. 8 The Granger Collection; pág. 9 North Wind Picture Archives; pág. 10 Tip. de J. R. Navarro (1850), via. Google Books; pág. 11 The Lawbook Exchange, Ltd., Clark, NJ.; pág. 12 Texas State Library & Archives Commission; pág. 13 LOC [LC–USZ62–21276]; pág. 14, 15 Gonzales Memorial Museum; pág. 16 Star of the Republic Museum; pág. 17 Corbis; pág. 18 Houston, Andrew Jackson (1938), UNT Libraries, Denton, Texas; pág. 19 (lateral) Bridgeman Art Library; pág. 21 (arriba) Corbis, (bottom) State Preservation Board, Austin, Texas; pág. 22 The Granger Collection; pág. 23 Bridgeman Art Library, (lateral) State Preservation Board, Austin, Texas; pág. 24 Alamy; pág. 25 (arriba) A Pictorial History of Texas (1885), (abajo) Bridgeman Art Library; pág. 26 Bridgeman Art Library; pág. 27 State Preservation Board, Austin, Texas; pág. 28 LOC [LOC_61365bs]; pág. 29 North Wind Picture Archives; pág. 32 Gonzales Memorial Museum; todas las demás imágenes de Shutterstock.

Teacher Created Materials

5301 Oceanus Drive
Huntington Beach, CA 92649-1030
http://www.tcmpub.com

ISBN 978-1-4333-7213-1

Tabla de contenido

Transiciones en Texas

La **transición** de **colonia** a categoría de estado fue fácil para la mayoría de los estados, pero la historia de Texas es mucho más compleja. Texas cambió de manos muchas veces. Los indígenas americanos, España, Francia, México, la República de Texas, los Estados Confederados de América y Estados Unidos han reclamado ser dueños de Texas en algún momento.

mapa del territorio mexicano y estadounidense, 1830

colonos dirigiéndose al oeste

En 1821 el pueblo de Nueva España ganó su independencia, o libertad, de España. A su nueva nación la llamaron *México*. México fue un país pobre desde su inicio. La parte norte del país, conocida como *Tejas* o Texas, era difícil de defender, así que México invitó a habitantes de Estados Unidos a que se mudaran allí. En poco tiempo había más colonos estadounidenses que personas de origen mexicano en Texas.

En 1833 Antonio López de Santa Anna fue elegido presidente de México. Santa Anna quería más control para sí mismo y su gobierno. No quería que las **provincias** fueran poderosas y quería terminar con la **inmigración**. Estableció nuevas leyes estrictas para la gente de Texas. Las tensiones entre Santa Anna y los texanos aumentaron. Esto produjo la **Revolución** de Texas.

Antonio López de Santa Anna

Religión, independencia y unidad

La independencia mexicana fue obtenida por medio de un acuerdo denominado el *Plan de Iguala* o el *Plan de las Tres Garantías*. Bajo este plan la iglesia católica romana unificaría a México. México sería un estado independiente y todas las personas serían iguales.

Tejanos, *texians* y texanos

Durante la época de la Revolución de Texas las personas de Texas eran llamadas de varias maneras. Aquellos nacidos en México eran conocidos como **tejanos**. Las personas que vivían en Texas pero que habían nacido en Estados Unidos eran llamadas *texians*. La palabra *texanos* significaba cualquier persona que vivía en Texas, independientemente de su país de origen.

Causas de la revolución
Los empresarios

Moses Austin había sido una vez un hombre de negocios y banquero adinerado, pero perdió la mayor parte de su dinero en el pánico de 1819. Pensó que podía recuperar su fortuna si se mudaba a Texas. España le otorgó permiso a Austin para **reclutar** a 300 familias estadounidenses para que se establecieran en 200,000 acres de tierra texana.

Moses Austin murió antes de poder ir a Texas. Su hijo, Stephen F. Austin, llevó a cabo el plan de su padre. En enero de 1822 Austin fue a Texas para establecer una nueva colonia.

A Austin no le llevó mucho tiempo encontrar familias dispuestas a mudarse a Texas. La tierra era perfecta para un sistema de **plantación** de algodón como el del sur estadounidense.

Stephen F. Austin con sus colonos en 1824

Los colonos llegan a Texas.

El pánico de 1819

En 1819 Estados Unidos sufrió una crisis financiera. Los precios del algodón cayeron rápidamente. A la gente le era difícil obtener préstamos para mantener sus negocios y fincas. Muchos estadounidenses perdieron sus trabajos y sus casas. La economía no se recuperó sino hasta en 1823.

La colonia de Austin fue muy exitosa. Muy pronto otros estadounidenses solicitaron que se les otorgaran tierras en Texas. Estos hombres fueron llamados *empresarios*. Esto significa "hombres de negocios". El trabajo del empresario era conseguir familias para que se asentaran en Texas. Cada empresario recibía cierta cantidad de tierra por un número determinado de familias. Durante la década de 1820 los empresarios trajeron miles de colonos a Texas.

La colonia de De León

Martin De León era un **ranchero** mexicano. Pasó por Texas mientras conducía sus mulas al mercado de Nueva Orleáns. Cuando De León vio las praderas **prósperas**, decidió comenzar de nuevo allí. Para el año 1824 De León y 12 familias mexicanas ya se habían mudado a Texas. Con el tiempo otras familias se les unieron.

planta de algodón

7

La República de Fredonia

El empresario Haden Edwards aumentó las tensiones entre los colonos y el gobierno mexicano. En 1826 intentó llevar a cabo una **secesión** de México. Él quería formar su propia República de Fredonia independiente. Austin y varios colonos se pusieron de parte del gobierno de México. La **rebelión** fue reprimida. Pero el gobierno mexicano comenzó a desconfiar de los colonos.

Indígenas americanos en Texas

A medida que las tribus de indígenas americanos en el sur estadounidense perdían su territorio, emigraban a Texas. Los colonos estadounidenses que se habían mudado a Texas desarrollaron diferentes relaciones con las tribus. Algunas de ellas fueron buenas, mientras otras generaron violencia.

Tensiones en Texas

A veces, dos o más colonos reclamaban tener derechos sobre la misma parcela de tierra. Los colonos comenzaron a tener muchos conflictos con México sobre sus derechos. El gobierno de México sabía que algunos líderes estadounidenses querían que Texas formara parte de Estados Unidos. Todos estos problemas produjeron tensiones en Texas.

También había conflictos entre los tejanos y los *texians*. Los tejanos querían que Texas fuera exitosa. Sabían que los *texians* jugaban un papel importante en el éxito del estado. Pero les preocupaba estar perdiendo el control de su tierra.

comanches al ataque

Para 1830 casi 10,000 estadounidenses se habían asentado en Texas. Muchos de ellos ignoraban el requerimiento mexicano de convertirse al catolicismo. Y algunos de ellos habían traído esclavos a Texas para trabajar en sus fincas y plantaciones. La esclavitud no era ilegal en Texas. Pero el gobierno mexicano quería terminar con esa práctica.

esclavos recogiendo algodón

También había problemas con los indígenas americanos que vivían en Texas. Muchos estaban dispuestos a vivir de manera pacífica con los nuevos inmigrantes. Pero otros no. Los colonos, incluido Austin, veían a ciertas tribus como enemigos. En poco tiempo estallaron conflictos violentos entre los texanos y los indígenas americanos.

La Ley del 6 de abril de 1830

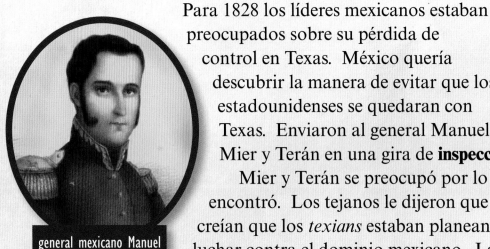

general mexicano Manuel de Mier y Terán

Para 1828 los líderes mexicanos estaban preocupados sobre su pérdida de control en Texas. México quería descubrir la manera de evitar que los estadounidenses se quedaran con Texas. Enviaron al general Manuel de Mier y Terán en una gira de **inspección**.

Mier y Terán se preocupó por lo que encontró. Los tejanos le dijeron que creían que los *texians* estaban planeando luchar contra el dominio mexicano. La mayoría de los tejanos que se habían establecido en Texas eran pobres y no tenían educación. Muchos *texians* se sentían superiores a los tejanos. Los *texians* querían separar a Texas del estado mexicano de Coahuila y comenzar su propio estado.

Mier y Terán regresó del tour en enero de 1829. Informó que la situación era peligrosa. Dijo que sería un gran error separar a Coahuila y a Texas en dos estados.

No fue sino hasta el 6 de abril de 1830 que el gobierno actuó al dictar una nueva ley. La Ley del 6 de abril de 1830 enfureció a la mayoría de los texanos. Prohibía la inmigración estadounidense a Texas. También ponía fin a los contratos de los empresarios. Establecía que los esclavos no podían ser llevados a Texas. También obligaba a los texanos a pagar impuestos por la mercadería que llegaba o salía de Texas. Muchos *texians* y algunos tejanos sentían que la nueva ley les quitaba muchas de sus libertades. Querían poseer el derecho a establecer sus propias leyes.

INICIATIVA DE LEY PROPONIENDO
AL GOBIERNO LAS MEDIDAS QUE SE
DEBIAN TOMAR PARA LA
SEGURIDAD DEL ESTADO DE

TEJAS

Y CONSERVAR l a INTEGRIDAD
DEL TERRITORIO MEXICANO

de cuyo proyecto emanó la ley
de 6 abril de 1830.

Lúcas Alaman

Biblioteca Aportación Histórica
Editor Vargas Rea
México 1946

la Ley del 6 de abril
de 1830

Mier y Terán

Mier y Terán era un hombre inteligente. Había ayudado a México a ganar su independencia de España. Durante la década de 1820 ocupó distintos cargos en el gobierno. Era un patriota mexicano que quería lo mejor para México.

Lucas Alamán

Lucas Alamán era un líder mexicano importante. Entre otras cosas, estaba a cargo de las relaciones exteriores de México. Se alarmó cuando Mier y Terán le comunicó la situación en Texas. A Alamán le preocupaba la posibilidad de que Texas se uniera a Estados Unidos. Esperaba que la Ley del 6 de abril de 1830 mantuviera a Texas firmemente bajo control mexicano.

Revolución en Zacatecas

La Revolución de Texas no fue la única rebelión en los estados mexicanos. La **milicia** de Zacatecas se rebeló en contra del gobierno de Santa Anna en 1835. Miles de rebeldes murieron o fueron hechos prisioneros. Luego, Santa Anna marchó hacia el norte para recuperar el control de México.

Batalla de Velasco

La Ley del 6 de abril de 1830 estableció oficinas aduaneras a lo largo de todas las vías navegables mexicanas para cobrar impuestos de **importación** y **exportación**. Los impuestos enfurecieron a los texanos. El gobierno mexicano construyó pequeños fuertes militares para proveer apoyo armado a las oficinas aduaneras. Un fuerte, Velasco, fue el escenario del primer derramamiento de sangre de la Revolución de Texas.

Rumores revolucionarios

Los texanos estaban molestos con el gobierno mexicano. Continuaban las discusiones sobre los esclavos y los impuestos. A veces, estas discusiones se volvían violentas.

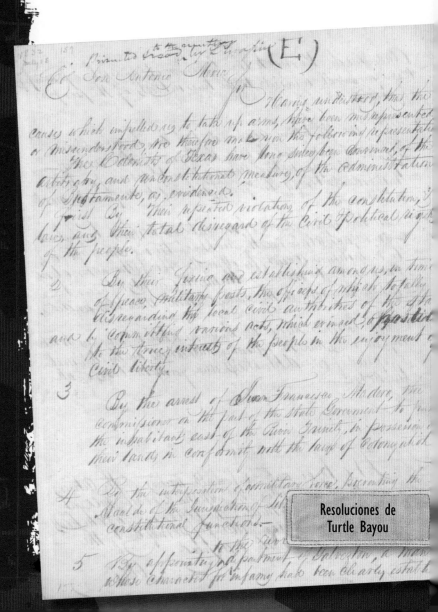

Resoluciones de Turtle Bayou

México también tenía otros problemas. En 1832 el general Antonio López de Santa Anna intentó derrocar al presidente Anastasio Bustamante. Santa Anna apoyaba la **constitución**, o conjunto de leyes, de 1824. Así que los texanos tenían esperanzas de que él los apoyara.

Antonio López de Santa Anna

En Turtle Bayou los texanos declararon su apoyo a Santa Anna. Escribieron un documento que contenía sus quejas, denominado las Resoluciones de Turtle Bayou. Decían que Bustamante había violado la constitución. Convocaban a todos los texanos a apoyar a Santa Anna. Este fue elegido presidente en 1833.

Austin fue a la Ciudad de México para reunirse con oficiales mexicanos en representación de los texanos. Él esperaba que Santa Anna permitiera nuevamente la inmigración desde Estados Unidos. También quería que Santa Anna le otorgara a Texas la categoría de estado separado de Coahuila. Santa Anna no estaba de acuerdo con las ideas de Austin. Durante su regreso a Texas Austin fue arrestado.

Santa Anna quería el poder absoluto sobre México. Se libró de la Constitución de 1824. Santa Anna quería que su gobierno tuviese más poder y los estados mexicanos menos poder.

Comienza la revolución
La batalla de Gonzáles

Para 1835 la rebelión se había desatado en todo México. Algunos texanos querían tener una relación pacífica con Santa Anna y el gobierno mexicano, pero otros querían luchar por su independencia.

Santa Anna envió al ejército mexicano para que tomara control de Texas. Pero cuando los texanos se enteraron del plan, convocaron a una reunión. Algunos funcionarios fueron enviados a Washington-on-the-Brazos para discutir sus opciones. Podían rendirse ante Santa Anna o luchar por sus derechos.

Antes de que los texanos pudieran elaborar sus planes el ejército mexicano marchó hacia San Antonio. Ellos querían recuperar el cañón que le habían prestado a la ciudad de Gonzáles en 1831. El ejército mexicano se reunió al otro lado del río Guadalupe. El teniente mexicano Francisco Castañeda les pidió a los texanos que **cedieran** el cañón.

el cañón de Gonzáles que disparó el primer tiro de la Revolución de Texas

voluntarios texanos en Gonzáles

El ejército *texian*

Texas no poseía un ejército profesional. Los empresarios les habían brindado protección a los colonos. Cuando la Revolución de Texas comenzó, eran pocos los hombres que contaban con entrenamiento o experiencia militar. El combate se inició de manera tan rápida que hubo poco tiempo para armar y entrenar a un ejército. Los texanos dependieron de voluntarios para combatir contra el ejército mexicano.

Durante la noche los ciudadanos de Gonzáles enviaron una alarma a los demás texanos pidiendo ayuda. Los texanos se negaron a entregar el cañón. Las mujeres de Gonzáles dibujaron un cañón en una bandera blanca y escribieron: "¡Vengan y tómenlo!".

Los texanos atacaron al ejército mexicano. Al no haber recibido órdenes de entablar combate, Castañeda se **replegó**. Los acontecimientos de Gonzáles fueron un punto de inflexión importante en la lucha por la independencia. Ahora los texanos sabían que tendrían que luchar por su libertad.

Austin a bordo

Al principio Austin no estaba a favor de la independencia de Texas. Él quería arreglar la relación con el gobierno mexicano. Pero cuando la revolución comenzó, estaba listo para luchar por Texas.

"La Consulta" creó un gobierno para Texas.

ORDINANCES AND DECREES

OF THE

CONSULTATION,

PROVISIONAL GOVERNMENT OF TEXAS

AND THE

CONVENTION,

WHICH ASSEMBLED AT WASHINGTON MARCH 1, 1836.

BY ORDER OF THE SECRETAY OF STATE;

Ataque a Matamoros

Algunos de los líderes texanos querían atacar México y no tan solo defender su tierra en Texas. En diciembre de 1835 planearon atacar Matamoros, una ciudad mexicana al borde del río Grande. Con la victoria esperaban ganar el apoyo de México. Pero el plan fracasó.

Sam Houston

Sam Houston se escapó de su casa cuando era niño y vivió entre los cherokee. Se unió al ejército estadounidense durante la guerra de 1812. Houston estudió abogacía y fue elegido gobernador de Tennessee. Pero abandonó su cargo por problemas personales. En 1832 Houston fue a Texas en busca de un nuevo comienzo.

La Consulta

El 1 de noviembre de 1835 los líderes texanos se reunieron en lo que se denominó la *Consulta*. La reunión fue celebrada en San Felipe. Los **delegados** discutieron un nuevo gobierno para Texas. Algunos de ellos hacía mucho tiempo que residían en Texas. Otros recién habían llegado. Tenían opiniones diferentes sobre cómo manejar la situación con México.

Finalmente, los delegados emitieron una **declaración**. En ella expresaban que la gente de Texas tenía derecho a crear su propio gobierno independiente. Establecía que la gente de Texas sería leal a México si el gobierno mexicano respetaba la constitución de 1824. Según Austin, el objetivo de esto era ganar apoyo para la independencia de Texas entre ambos, *texians* y tejanos.

La Consulta creó un gobierno para Texas. Pero no resultó bien. Había muchos hombres que querían poder. Algunos texanos no creían que los *texians* y los tejanos pudieran trabajar juntos.

Los delegados también tenían otros problemas. Necesitaban un ejército. Además, necesitaban dinero y el apoyo de Estados Unidos. Sam Houston fue designado comandante a cargo del ejército *texian*. Austin fue enviado a Estados Unidos a ganar su apoyo para la independencia de Texas.

Sam Houston

El sitio de Bexar

Para diciembre de 1835 Bexar, una ciudad de Texas también denominada San Antonio, se encontraba bajo el control del ejército mexicano. Las fuerzas mexicanas contaban con más de 700 hombres, pero había solo alrededor de 400 voluntarios texanos.

Los texanos tenían muchos problemas. La mayoría de los voluntarios no estaban entrenados como soldados profesionales. Houston quería dedicar algo de tiempo al entrenamiento de los hombres para la lucha, pero Austin y otros querían avanzar de inmediato. Cuando Austin se fue a conseguir el apoyo de Estados Unidos, Edward Burleson fue elegido para liderar a los voluntarios.

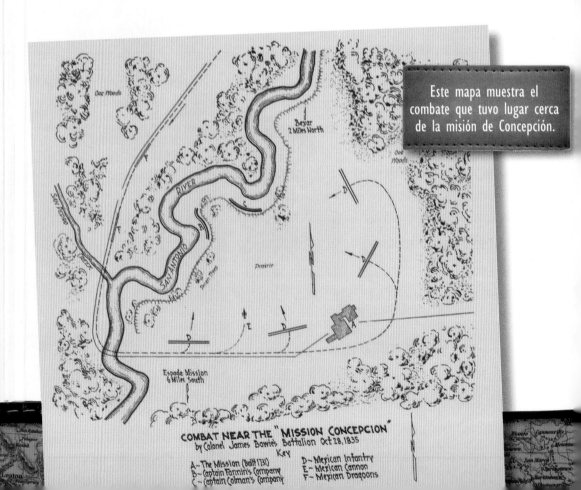

Este mapa muestra el combate que tuvo lugar cerca de la misión de Concepción.

James Fannin

La misión Concepción

La batalla de Concepción

Austin envió a James Fannin y James Bowie a la **misión** de Concepción. Quería saber si la misión podría servir como un puesto militar. Mientras estaban allí el general Cos atacó. En la batalla de Concepción el ejército mexicano perdió alrededor de 60 hombres y fue obligado a retirarse.

La batalla del pasto

En noviembre de 1835 los texanos se enteraron de que las tropas mexicanas estaban transportando dinero para pagar al ejército mexicano. James Bowie lideró un ataque contra las tropas. Los mexicanos se retiraron y dejaron su tesoro atrás. Pero lo que los texanos esperaban que fueran bolsas de plata eran, en realidad, bolsas de pasto para alimentar a los caballos.

El 5 de diciembre los texanos atacaron Bexar. Cavaron zanjas para conectar los edificios que habían tomado. La lucha duró cuatro días. Luego el general mexicano Martín Perfecto de Cos pidió una tregua, o acuerdo, para detener la lucha. Cos dijo que los texanos podían quedarse con San Antonio si le permitían partir junto con su ejército. El ejército mexicano entregó la mayoría de sus armas a los texanos.

El **sitio** de Bexar constituyó una victoria para los texanos, pero el fin de la lucha por la independencia estaba aún muy lejos.

El Álamo
La marcha hacia San Antonio

Después del sitio de Bexar, los líderes texanos temían que el ejército mexicano atacara otra vez San Antonio.

Los texanos vigilaban los dos caminos principales que conducían a Texas desde dos fuertes. Un fuerte, llamado *Presidio La Bahía*, estaba en Goliad. El otro, en San Antonio, era una vieja misión española conocida como *El Álamo*.

El comandante Green B. Jameson se preparó para un ataque en El Álamo. Hizo que sus hombres colocaran cañones a lo largo de los muros del fuerte. El Álamo brindaría la primera defensa contra un ataque mexicano.

En enero de 1836 James Clinton Neill, el líder de las fuerzas texanas en Bexar, envió hombres a El Álamo como **refuerzos**. Houston pensaba que las tropas debían retirarse de El Álamo y que este debía ser destruido. Neill pensaba que El Álamo sería fácil de defender.

El Álamo

David Crockett

Los refuerzos arribaron lentamente a El Álamo. Bowie llegó de Goliad el 19 de enero. El teniente coronel William B. Travis arribó con 30 soldados de **caballería**. David Crockett llevó consigo 12 hombres el 8 de febrero.

Santa Anna marchó hacia San Antonio con más de 2,000 hombres armados con rifles, sables y cañones. Los texanos sabían que los mexicanos los superaban en número. Ellos solo tenían alrededor de 150 hombres en El Álamo y 400 en Goliad.

James Bowie

David Crockett

La tierra barata y la oportunidad de aventuras atrajeron a muchos **colonizadores** a Texas. Nacido en Tennessee, David Crockett trabajó para el congreso estadounidense y luchó contra los indígenas americanos en la frontera. En 1836 se mudó a Texas y se unió a la lucha por la independencia.

Crockett fue uno de los colonizadores más populares de su época. Las historias sobre su vida y aventuras se volvieron aun más legendarias luego de su muerte. Aunque varias de las historias no son ciertas, Crockett es recordado por muchos como el "rey de la frontera salvaje".

La caída de El Álamo

A mediados de febrero de 1836 el coronel Neill se fue de El Álamo para cuidar de su familia enferma. William Travis tomó su lugar a cargo de El Álamo.

El ejército mexicano arribó el 23 de febrero. Santa Anna izó una bandera roja sobre la iglesia San Fernando para anunciar que no habría lugar seguro para los texanos. Santa Anna quería que estos se rindieran, pero Travis disparó un cañón. Esto le dijo a Santa Anna que los texanos querían luchar.

No había suficientes hombres para defender El Álamo. Santa Anna lanzó cañonazos al fuerte durante 13 días. Cada noche, cubierto por la oscuridad, el ejército mexicano se fue acercando al fuerte. Los muros de El Álamo comenzaron a desmoronarse.

Travis habla a sus hombres antes de la batalla de El Álamo.

defensores de El Álamo

William Travis

"Victoria o muerte"

William Travis sabía que los hombres en El Álamo no tenían ninguna oportunidad de sobrevivir a menos que la ayuda viniera de afuera. Envió varias cartas durante el sitio para conseguir apoyo. En su última carta Travis expresó sus sentimientos de manera clara. Escribió: "Nunca me rendiré o retiraré... Victoria o muerte".

Sobrevivientes de El Álamo

Aunque todos los hombres que lucharon fueron asesinados, hubo varios sobrevivientes en El Álamo. Había unas 20 mujeres, niños y esclavos adentro del fuerte durante el ataque. Susanna Dickinson fue una de las sobrevivientes. Ella vivió para contar la historia de El Álamo.

El 6 de marzo Santa Anna ordenó a sus hombres invadir el fuerte. Los texanos intentaron defenderse, pero había muchos soldados mexicanos. Travis fue uno de los primeros que murió. Bowie también murió defendiendo El Álamo.

Todos, salvo siete de los hombres de El Álamo, murieron en el ataque. Santa Anna ordenó que les dispararan a estos sobrevivientes. El Álamo había caído, pero Santa Anna también había sufrido grandes pérdidas. Más de 600 soldados mexicanos murieron, lo cual debilitó al ejército mexicano por el resto de la guerra.

Declarando la independencia
La República de Texas

Los líderes de Texas se reunieron en Washington-on-the-Brazos el 1 de marzo de 1836. Querían hacer planes para el futuro. Delegados de distintas partes de Texas estuvieron presentes para representar los intereses de su gente.

Al llegar se enteraron de que El Álamo estaba sitiado. Algunos querían marchar hacia El Álamo para ayudar. Pero Houston los convenció de que no fueran y se ocuparan de otros asuntos importantes.

El 2 de marzo los delegados declararon la independencia de Texas. Nombraron a Houston comandante del ejército. Mientras El Álamo caía, la República de Texas nacía.

La Constitución de Texas era similar a la de Estados Unidos. También hubo una Declaración de Derechos similar a la de Estados Unidos. La Constitución de Texas establecía límites estrictos para los funcionarios del gobierno. El presidente podía permanecer en el cargo solo por tres años. La Constitución de Texas también protegía la esclavitud.

Washington-on-the-Brazos

David G. Burnet se desempeñó como presidente hasta que pudieron realizarse las elecciones. Lorenzo de Zavala fue nombrado vicepresidente. Houston partió para defender la nueva república. La convención finalizó el 17 de marzo de 1836. Pero la revolución no había terminado.

David G. Burnet

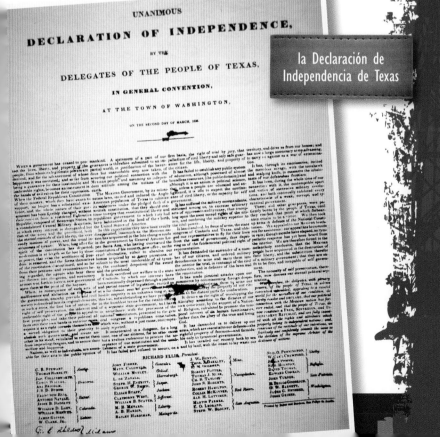

la Declaración de Independencia de Texas

La Declaración de Independencia de Texas

Cuando la reunión en Washington-on-the-Brazos comenzó en marzo de 1836, George Childress estaba presente como representante de Viesca, México. Childress escribió la Declaración de Independencia de Texas. Escribió que Texas poseía el derecho a la independencia porque el gobierno mexicano había violado la constitución.

Lorenzo de Zavala

Zavala apoyó la independencia de Texas a pesar de ser mexicano. Como representante en la convención jugó un papel importante. Zavala ayudó a escribir la constitución para la nueva República de Texas.

Sam Houston en San Jacinto

A medida que la historia del Álamo se hacía pública, más voluntarios arribaban para ayudar a defender Texas. Santa Anna envió a sus fuerzas a distintas partes de Texas para detener la rebelión.

Cerca de Goliad el general mexicano Urrea capturó a Fannin y a sus tropas. Con la llegada de la noticia de que Fannin y alrededor de 350 hombres habían sido ejecutados, los hombres de Houston se enfurecieron.

El 21 de abril de 1836 Houston y sus hombres atacaron a soldados mexicanos mientras dormían cerca del río San Jacinto. Las fuerzas *texian* fueron convocadas por un grupo de tejanos liderados por Juan Seguín. Derrotaron a los hombres de Santa Anna al grito de "recuerden El Álamo". Cuando la lucha terminó 600 soldados mexicanos yacían muertos y 700 más fueron tomados prisioneros. Pero solo nueve texanos murieron durante la batalla de San Jacinto.

Houston y sus hombres atacan al ejército mexicano.

Santa Anna se rinde ante Sam Houston.

El *Runaway Scrape*

Luego de la caída de El Álamo la gente de Texas estaba asustada. Abandonaron sus casas, dejando todo atrás. Querían escapar del ejército mexicano que se estaba acercando. Esto se denominó el *Runaway Scrape.*

Masacre en Goliad

Cuando el general Urrea capturó a Fannin y a sus hombres, los llevó nuevamente a Goliad. Fannin pensó que serían tomados como prisioneros de guerra. Santa Anna le ordenó a Urrea que ejecutara a todos los hombres. El 27 de marzo llevaron a los hombres a las afueras de Goliad y les dispararon. Fannin, que ya estaba herido, fue asesinado dentro del fuerte.

Santa Anna logró escaparse durante la lucha. Pero fue capturado al día siguiente. Aunque sus hombres querían ejecutar a Santa Anna, Houston decidió utilizarlo para terminar con la lucha. Houston obligó a Santa Anna a firmar un **armisticio**, o acuerdo, para detener la lucha. Esto significó el final de la Revolución de Texas. Los texanos habían ganado la batalla de San Jacinto y asegurado la independencia para Texas.

Un estado independiente

Obedeciendo las órdenes de Santa Anna el ejército mexicano se retiró de Texas. Aunque había ganado su independencia, el pueblo de Texas enfrentaba varios desafíos más. Aún existían conflictos políticos y por tierras. México no reconocía la independencia de Texas. Estados Unidos no estaba seguro de qué relación tener con Texas.

A pesar de todos estos problemas, muchas personas más se establecían en Texas. Algunos estadounidenses llevaban más esclavos. Más mexicanos se iban a vivir a Texas también. Los europeos, especialmente alemanes, inmigraban a Texas.

el tratado de Guadalupe-Hidalgo

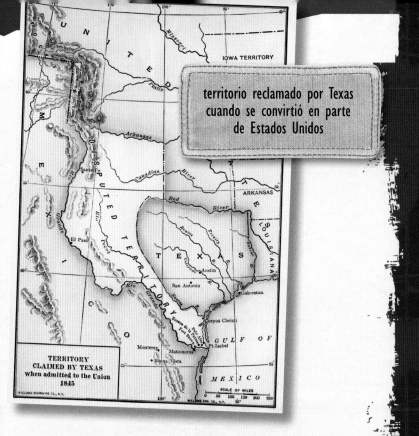

territorio reclamado por Texas cuando se convirtió en parte de Estados Unidos

TERRITORY CLAIMED BY TEXAS when admitted to the Union 1845

En 1845 Texas se unió a Estados Unidos. Al poco tiempo Estados Unidos y México se enfrentaron en otra guerra por Texas. La guerra Mexicano-americana finalizó en febrero de 1848 con el tratado de Guadalupe-Hidalgo. El río Grande fue considerado la nueva frontera entre las dos naciones. Una gran parte del territorio que alguna vez había sido de México comenzó a formar parte de Estados Unidos.

Los texanos aún enfrentaban muchos problemas. Pero tenían un mayor control sobre su futuro. Habían ganado la libertad para elegir su propia religión. Y habían ganado el derecho de gobernarse solos.

Presidente Houston

Cuando la Revolución de Texas finalizó los ciudadanos eligieron un nuevo gobierno. Stephen F. Austin, Henry Smith y Sam Houston eran los candidatos para presidente. Houston fue elegido como primer presidente de la República de Texas por un gran número de votos.

Anexión

La primera elección no tuvo lugar solo para constituir el primer gobierno de Texas. Los votantes eligieron adoptar una constitución. También votaron a favor de la anexión. Los texanos querían la independencia, pero también querían protección. Al unirse a Estados Unidos esperaban contar con el apoyo del ejército estadounidense en cualquier conflicto futuro con México.

Glosario

anexión: apoderarse de un territorio y hacerlo parte de un territorio más grande

armisticio: un acuerdo para detener una guerra

caballería: soldados que pelean a caballo

cedieran: entregaran

colonias: países o áreas bajo el control de otro país; el grupo de personas que viven ahí

colonizadores: gente que vive en la frontera

constitución: una declaración escrita que detalla las leyes básicas de un estado o país

consulta: una reunión que se efectúa con el propósito de tomar decisiones

declaración: anuncio

delegados: personas que representan a otras en una reunión

empresarios: personas que recibían tierra de parte del gobierno mexicano a cambio de que establecieran un asentamiento y reclutaran gente para que viviera en él

exportación: enviar bienes hacia afuera de un país o estado

importación: traer bienes a un país o estado

inmigración: el acto de moverse a un país nuevo

inspección: el acto de revisar algo cuidadosamente

milicia: un grupo de ciudadanos soldados

misión: un puesto religioso y militar establecido por los españoles durante la colonización

plantación: un tipo de granja grande que se encuentra en el sur de Estados Unidos

prósperas: que están creciendo muy bien

provincia: distrito o región de un territorio

ranchero: una persona que cría ganado, por ejemplo vacas y caballos

rebelión: resistencia abierta al gobierno de uno

reclutar: seleccionar a alguien, o conseguir sus servicios

refuerzos: hombres adicionales utilizados para dar más fuerza

replegó: se retiró de un campo de batalla

revolución: el acto de derrocar y remplazar a un gobierno con otro

secesión: dejar un país y formar un gobierno nuevo

sitio: una estrategia militar en la cual las tropas rodean un área y la aislan del exterior para forzarla a que se rinda

tejanos: residentes de Texas nacidos en México

***texians*:** gente que vivía en la Texas mexicana entre 1821 y 1836

transiciones: procesos de cambio de ser una cosa a ser otra

Índice

¡Es tu turno!

En 1835 el general mexicano Santa Anna envió soldados a ocupar Texas. Quería tener a los colonos rebeldes bajo control. Ordenó a los texanos entregar sus armas. Ellos se negaron. Los soldados mexicanos fueron a Gonzáles a recuperar un cañón que les habían dado a los colonos. Estos se negaron. Por el contrario, llenaron el cañón de chatarra y dispararon contra los soldados mexicanos. Esta fue la primera batalla de la Revolución de Texas.

Una bandera adecuada

Observa la bandera del ejército *texian*. ¿Crees que los colonos eligieron un diseño adecuado para su bandera? Fundamenta tu opinión con hechos extraídos del texto.